Rätsel

1 Sie können sehr groß werden. Sie leben im Meer.

2 Sie fressen Gras. Aus ihrem Fell wird Wolle hergestellt.

3 Sie haben lange Fühler. Sie flattern von Blume zu Blume.

4 Sie kriechen herum. Sie tragen ihr Haus auf dem Rücken.

5 Sie können sehr bunt sein. Manche können sprechen.

6 Sie leben in Afrika. Sie haben einen sehr langen Hals.

7 Sie sind sehr beliebte Haustiere. Sie können bellen.

						1

Kreuze an

Die Sonne hat einen Stecker und verbraucht viel Strom.	☐ ja ☐ nein
Schulkinder sind älter als Kinder aus dem Kindergarten.	☐ ja ☐ nein
Mit einem Taschentuch kann man sich die Nase putzen.	☐ ja ☐ nein
Mit einem Hund muss man regelmäßig spazieren gehen.	☐ ja ☐ nein
Eine gute Sonnenbrille schützt die Augen vor der Sonne.	☐ ja ☐ nein
Man kann eine Pizza mit Salami im Kühlschrank backen.	☐ ja ☐ nein
Viele Menschen fliegen mit dem Flugzeug in den Urlaub.	☐ ja ☐ nein
Ein Bergsteiger ist ein Mensch, der auf einen Berg steigt.	☐ ja ☐ nein

Was gehört zusammen?

1	Vor dem Fenster hängt		immer die Tageszeitung.
2	Blauwale sind die größten		mit der Raumfähre ins All.
3	Die Astronauten fliegen		sind essbare Kräuter.
4	Das kleine Eichhörnchen		viele Enten und Schwäne.
5	Auf dem See schwimmen		Lebewesen der Welt.
6	Oma liest beim Frühstück		klettert flink auf einen Baum.
7	Papa rollt den Kuchenteig		auf dem Backblech aus.
8	Petersilie und Schnittlauch	1	eine weiße Gardine.

Welches Wort ist falsch?

Türen lassen sich öffnen ~~zu~~.	Wir rot warten an der Ampel.
Das anzünden Feuer brennt.	Motor Das Auto fährt schnell.
Das fliegen Flugzeug landet.	Der See ist sehr Taucher tief.
Die Lampe leuchtet hell aus.	Post Ich schreibe einen Brief.
Die Kirschen sind Baum reif.	Hunde Katzen können bellen.
Der Wecker das klingelt laut.	Der läuft Fernseher ist kaputt.
Milchzähne fallen aus locker.	Das Baby Seife wird gebadet.
Pfeffer ist sehr Körner scharf.	Das Buch ist lesen spannend.

Rätsel

1 Man muss mit den Beinen strampeln. Sie haben zwei Räder.

2 Sie fahren auf Schienen. Sie halten an Bahnhöfen.

3 Sie haben einen Motor und vier Räder. Sie fahren auf Straßen.

4 Sie sind sehr schnell. Mit ihnen fliegen Astronauten in den Weltraum.

5 Sie fahren auf Seen, Flüssen und auf dem Meer.

6 Sie haben Tragflächen. Sie starten und landen auf Flughäfen.

7 Sie fahren Hügel hinunter und nicht hinauf. Sie fahren auf Schnee.

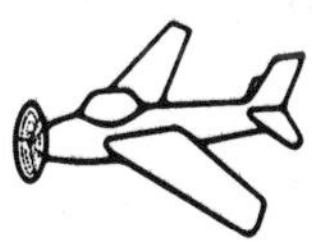

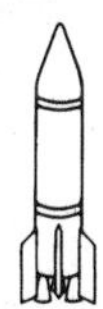

Lies und male

- ☐ Male links unten ein kleines Männchen mit einem Regenschirm.
- ☐ Zeichne einen grünen Kreis in die Mitte des Blattes.
- ☐ Zeichne ein Gesicht mit einem Bart und einer Brille in den Kreis.
- ☐ Male rechts unten einen roten Tisch.
- ☐ Auf dem roten Tisch stehen drei brennende Kerzen.
- ☐ Male zwei kleine Mäuse unter den roten Tisch.
- ☐ Zeichne drei blaue Dreiecke.
- ☐ Verbinde die blauen Dreiecke mit einem Bleistift.
- ☐ Schreibe die Zahlen von *1* bis *10*. Verwende dafür mehrere Farben.
- ☐ Male eine orange Sonne in eine freie Ecke.
- ☐ Male zwei graue Wolken. Aus den Wolken regnet es.
- ☐ Schreibe deinen Vornamen in deiner Lieblingsfarbe.
- ☐ Male zwanzig rote Punkte.
- ☐ Male den Bilderrahmen farbig.

Male das Bild

Welches Wort ist falsch?

Grunzender Eber war ein stolzer ~~Husten~~ Häuptling im Wilden Westen.

Mit seiner Frau Bellender Pudel war er glücklich verheiratet verhext.

Zusammen hatten sie eine liebreizende Torte Tochter.

Der Nudelsalat Name ihrer Tochter war Nervende Säge.

Der Häuptling und seine Familie Füße lebten im schönsten Zelt des Dorfes.

Eines Tages gab es ein krummes kräftiges Gewitter.

Es redete regnete so stark, dass das Wasser in die Zelte lief.

Alle Indianer wurden Nasen nass.

Welches Wort ist falsch?

Am nächsten | Tag | | Taler | trafen sie sich auf dem Dorfplatz.

Sie überlegten, wie sie in Zukunft | Tomaten | | trocken | bleiben konnten.

Da hatte Kluger Knirps eine | Idee | | Insel |.

„So machen wir es!", | regnete | | rief | Grunzender Eber begeistert.

Seit diesem Tag bauen sich die Indianer Häuser aus | Strom | | Stein |.

Sie | stellen | | stehlen | sich bunte Zwerge in den Garten.

Über ihre Sofas hängen sie | Bilder | | Bananen | mit Bergen und Hirschen.

Oder ist das etwa alles nur | Unterhose | | Unsinn |?

Kreuze an

Mit den Füßen kann man besser riechen als mit der Nase.	☐ ja ☐ nein
Im Kindergarten lernen Kinder, wie ein Auto repariert wird.	☐ ja ☐ nein
Alle Lehrerinnen haben grüne Haare und hellblaue Ohren.	☐ ja ☐ nein
In einem Museum darf man Bilder von der Wand nehmen.	☐ ja ☐ nein
Alte und kaputte Autos werden zum Schrottplatz gebracht.	☐ ja ☐ nein
Hüte, Mützen und Kappen werden auf dem Kopf getragen.	☐ ja ☐ nein
In einer Metzgerei kann man Fleisch und Wurst einkaufen.	☐ ja ☐ nein
Im Supermarkt kann man Schnee, Regen und Tau kaufen.	☐ ja ☐ nein

Was gehört zusammen?

1	Die Mädchen spielen Fußball	1	mit einem neuen Lederball.
2	Bei einem Gewitter kann es		neues Papier hergestellt.
3	Oma isst drei große Stücke		und der Mars sind Planeten.
4	Die Erde, der Jupiter		durch unseren Körper.
5	In einer Bäckerei kann man		heftig blitzen und donnern.
6	Unser Herz pumpt das Blut		zu einem Zopf flechten.
7	Aus altem Papier wird heute		Kirschkuchen mit Sahne.
8	Lange Haare kann man		Brot und Brötchen kaufen.

12 Welches Wort ist falsch?

Die Erde ist ~~haben~~ ein Planet.

Fische leben im Wasser nass.

Haben Hochhäuser sind hoch.

Blau ist Malkasten eine Farbe.

Wir waren Affen heute im Zoo.

„Was Banane kostet das Eis?"

„Ist die Suppe zu heiß dieser?"

Baum Äpfel haben einen Stiel.

Im Topf kochen Nudeln essen.

Igel sind sehr haben stachelig.

Das Boot hat ein rudern Segel.

Das Baby trinkt Milch schreien.

Witze sollen lustig sein lachen.

Schimmel in sind weiße Pferde.

Der laufen Löwe jagt ein Zebra.

Der Ritter die hat eine Rüstung.

Rätsel

1 Sie müssen dicht sein. Sonst regnet es in das Haus hinein.

2 Sie haben oft ein Geländer. Man geht auf Stufen hinauf oder hinunter.

3 Sie lassen Licht in die Räume. Ihre Scheiben sind aus Glas.

4 Man braucht sie, wenn es kalt ist. Sie erwärmen die Luft.

5 Sie lassen sich öffnen und schließen. Man geht durch sie hindurch.

6 Sie bestehen aus vielen Steinen. Sie werden gemauert.

7 Sie stehen vor vielen Häusern. Häufig sind sie aus Holz.

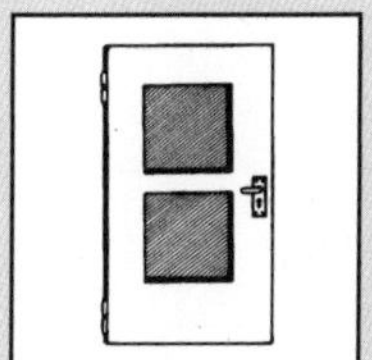
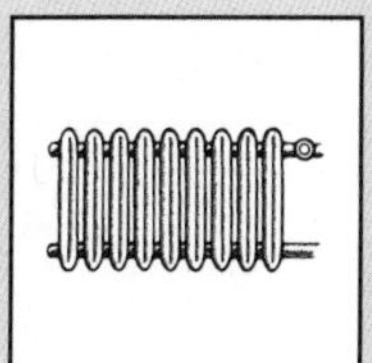

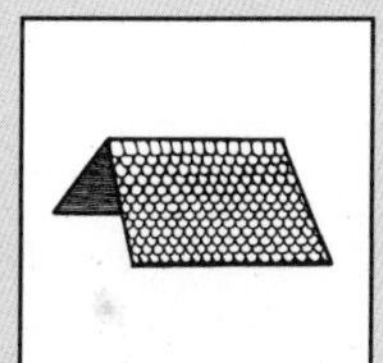
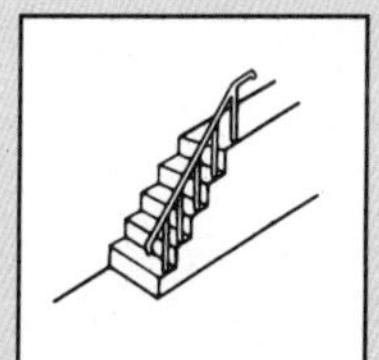
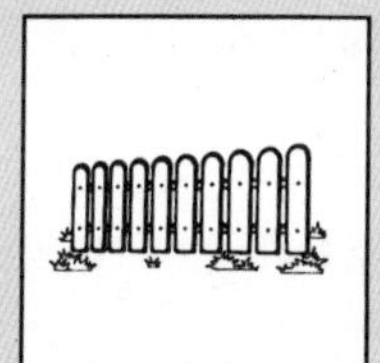

Lies und male

- ☐ Auf dem Bild siehst du die kleine Zauberfee Sterna.
- ☐ Male Sterna aus. Verwende dafür drei verschiedene Farben.
- ☐ Schreibe ihren Namen in den Rahmen über ihrem Kopf.
- ☐ Sterna ist gerade von der Zauberschule nach Hause gekommen.
- ☐ Die Lehrerin hat den Kindern heute viele neue Zaubersprüche beigebracht.
- ☐ Leider hat Sterna dabei nicht richtig aufgepasst.
- ☐ Nun hat sie viele komische Dinge gezaubert.
- ☐ Male eine Tomate. Die Tomate hat Flügel und trägt eine Sonnenbrille.
- ☐ Male einen grünen Eimer. In dem Eimer steht eine Ampel.
- ☐ Male ein rotes Auto mit einem rauchenden Schornstein.
- ☐ Male eine gelbe Hose mit drei Hosenbeinen und grünen Punkten.
- ☐ Male eine Sonne mit einem Bart und blauen Strahlen.
- ☐ Male viele große und kleine Sterne auf das Bild.
- ☐ Sterna findet ihr Zauberbild ganz zauberhaft.

Welches Wort ist falsch?

Heute findet das Endspiel Entenspiel des großen Fußballturniers statt.

Die Kreischenden Hühnchen spielen gähnen gegen die Brüllenden Hähne.

Bei den Kreischenden Hühnchen spülen spielen nur Mädchen.

Bei den Brüllenden Hähnen spielen nur Jo-Jos Jungen.

Bereits nach drei Minuten Metern gehen die Hähne mit *1:0* in Führung.

Schon im Gegenzug können die Hündchen Hühnchen zum *1:1* ausgleichen.

Bis zur Pause fallen keine weiteren Tore Türen.

Nach der Pause Polizei geht das spannende Spiel weiter.

Welches Wort ist falsch?

Kurz vor [Schluss] [China] kommt Heidi von den Hühnchen an den Ball.

Mit dem Ball am [Finger] [Fuß] dribbelt sie über den ganzen Platz.

Schließlich steht nur noch der [Tierarzt] [Torwart] der Hähne vor ihr.

Mit letzter Kraft [schraubt] [schießt] Heidi den Ball auf das Tor.

Der Ball fliegt gegen die Unterkante der [Latte] [Lampe].

Von dort [springt] [spricht] er dem Torwart der Hähne direkt gegen den Popo.

Vom [Papa] [Popo] des Torwarts prallt der Ball ins Tor der Hähne.

2:1 ! Alle Hühnchen [jagen] [jubeln]. Sie haben das Fußballturnier gewonnen.

Was gehört zusammen?

1	Der Lehrer schreibt ein Wort		ein Nest für ihren Nachwuchs.
2	Die Bälle beim Tischtennis		mit einer leckeren Soße.
3	Mama schüttet etwas Milch		und ihre neuen Ohrringe.
4	Der Briefträger wirft den Brief		sieben Elfmeter gehalten.
5	Oma trägt eine goldene Kette	1	mit roter Kreide an die Tafel.
6	Im Frühling bauen viele Vögel		aus der Flasche in ein Glas.
7	Zum Essen gibt es Spaghetti		sind kleiner als Fußbälle.
8	Der Torwart hat in einem Spiel		in den Briefkasten an der Tür.

Welches Wort ist falsch?

„Wann ist ~~er~~ das Essen fertig?"

Mama schreibt Stift einen Brief.

Die rote Tomate ist saftig Salat.

Wale nicht können schwimmen.

Der sehen Fernseher ist zu laut.

Die Autos Straße fahren schnell.

Im Kühlschrank ist es Käse kalt.

Es Frühstück klingelt zur Pause.

Oma spielt gerne sich Handball.

Hunde haben vier bellen Pfoten.

In der Schule aus lernen Kinder.

Haustiere Stall brauchen Pflege.

Im schneien Winter fällt Schnee.

Der Bus losfahren ist schon voll.

Die Sahara ist eine Wüste Sand.

Die Ferien haben das begonnen.

Lies genau

Rudi und Tina gehen gemeinsam zur Schule.

Auf dem Weg treffen sie Olga.

Olga ist Tinas Freundin.

Olga war gestern mit ihrer Oma im Kino.

Der Film war sehr lustig.

Ein blauer Dino hat eine rote Ente geheiratet.

Die Kinder reden lange über den Film.

Sie kommen zu spät zur Schule.

Doch sie haben Glück.

Die Lehrerin ist auch noch nicht da.

Male den Dino.

Kreuze an

Tina und Olga sind Freundinnen.	☐ ja ☐ nein	Male die Ente.
Tina und Rudi gehen zur Schule.	☐ ja ☐ nein	
Rudi war gestern im Kino.	☐ ja ☐ nein	
Olga hat einen lustigen Film gesehen.	☐ ja ☐ nein	
Olga war mit ihrer Oma am Kiosk.	☐ ja ☐ nein	
Olgas Freundin ist eine rote Ente.	☐ ja ☐ nein	
In dem Film hat eine Ente geheiratet.	☐ ja ☐ nein	
Der Dino hatte blaue und rote Streifen.	☐ ja ☐ nein	
Die Kinder kommen zu spät zur Schule.	☐ ja ☐ nein	
Die Lehrerin schimpft mit den Kindern.	☐ ja ☐ nein	

Lies und male

- ☐ Auf dem Bild siehst du ein kleines U-Boot.
- ☐ Denke dir einen Namen für das U-Boot aus.
- ☐ Schreibe den Namen mit einem blauen Stift auf das U-Boot.
- ☐ Male viele kleine Punkte und Sterne auf das U-Boot.
- ☐ Das kleine U-Boot taucht tief im Komischen Ozean.
- ☐ Im Komischen Ozean gibt es viele komische Dinge und Lebewesen.
- ☐ Unter dem U-Boot steht eine große Torte auf dem Meeresboden.
- ☐ Neben der Torte steht ein Teller mit Spinat und Kartoffeln.
- ☐ Vor dem kleinen U-Boot schwimmt ein Fischstäbchen mit roten Flossen.
- ☐ Über dem U-Boot hängt ein alter Stiefel an einem Angelhaken.
- ☐ Neben dem Stiefel spielt ein blauer Fisch Jo-Jo.
- ☐ Hinter dem kleinen U-Boot schwimmen zwei Kochtöpfe in einer Luftblase.
- ☐ Das Wasser des Komischen Ozeans ist gelb.
- ☐ Glaubst du, dass es den Komischen Ozean gibt? ☐ ja ☐ nein

Welches Wort ist falsch?

Vor langer Zeit lebten drei [Zwiebeln] [Zwerge] in einem tiefen Wald.

Sie bewohnten eine winzige [Hütte] [Hummel] unter einer riesigen Tanne.

Morgens standen sie bereits mit den ersten Sonnenstrahlen [auf] [ab].

Zum [Frühling] [Frühstück] trank jeder von ihnen einen Tropfen Tau.

Dann begannen sie mit der täglichen [Ameise] [Arbeit].

Der Nadelzwerg hackte Tannennadeln für den winzigen [Ordner] [Ofen].

Der Fruchtzwerg suchte Beeren, [Pilze] [Polizisten] und andere Waldfrüchte.

Der Hauszwerg schließlich hielt [Hafen] [Haus] und Garten in Ordnung.

Welches Wort ist falsch?

Erst am Abend | Apfel kamen die Zwerge wieder zusammen.

Der Nadelzwerg schürte das Fenster | Feuer im Zwergenofen,

der Fruchtzwerg bereitete allen eine köstliche | kichernde Waldfruchtspeise

und der Hauszwerg deckte | dankte den runden Pilztisch.

Nach dem Essen | Esel legten sie sich auf das Hummelfell vor dem Ofen

und lasen sich gegenseitig spannende Geschichten | Gespenster vor.

Am liebsten mochten sie Geschichten von Riesen | riechen.

Die drei Zwerge | Zwillinge waren sehr glücklich.

Rätsel

1 Sie sind kleiner als Orangen. Ihre Schale ist gelb und sie sind sehr sauer.

2 Sie lassen sich leicht schälen. Sie sind länglich und krumm.

3 Aus ihnen wird Wein hergestellt. Getrocknet werden sie zu Rosinen.

4 Häufig wird ihr Saft getrunken. Sie haben eine orange Schale.

5 Sie haben einen Stein. Ihre Schale ist glatt und blau.

6 Sie werden oft zu Marmelade verarbeitet. Sie sind rot und süß.

7 Ihre Blätter sind hart und spitz. Ihre Schale ist sehr rau und schuppig.

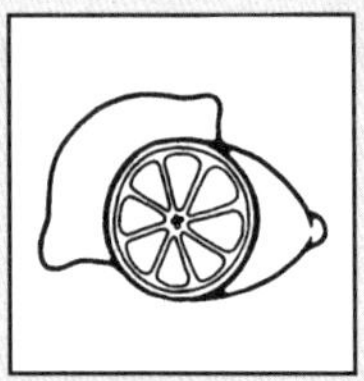
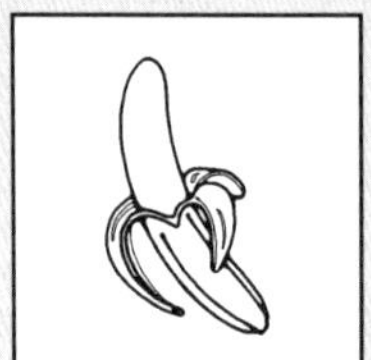

Welches Wort ist falsch?

„Möchtest ~~das~~ du ein Brötchen?"	Schimpansen sind Affen klettern.
Der Wasserhahn tropft waschen.	Gestern Regen hat es geschneit.
Ein Jahr Wochen hat 12 Monate.	An der Hand die sind fünf Finger.
Heute Sommer ist es sehr warm.	Das Messer schneiden ist scharf.
Die Tür ist geschlossen Eingang.	Im Wand Museum hängen Bilder.
Der Arzt die gibt mir eine Spritze.	Susi schießt den rollt Ball ins Tor.
Bienen sammeln Honig summen.	Das laufen Badewasser ist warm.
Die Katze fängt Tatze eine Maus.	Eine Biene hat gelbe Streifen die.

Lies genau

Ein kleiner Fisch schwimmt im Meer.

Er schillert blau und hat viele gelbe Punkte.

Der kleine Fisch heißt Simon.

Simon schwimmt ganz alleine im Meer.

Simon hätte gerne eine Fischfreundin.

Da sieht er einen anderen kleinen Fisch.

Der Fisch schillert gelb und hat viele blaue Punkte.

Simon fragt den Fisch nach seinem Namen.

Der andere Fisch heißt Simone.

Jetzt hat Simon eine Freundin.

Male Simone und Simon.

Eine kleine Fliege schwimmt ganz alleine im Meer.	☐ ja ☐ nein
Kleine Fische schwimmen immer nur in kleinen Seen.	☐ ja ☐ nein
Simon schillert blau und hat viele gelbe Streifen.	☐ ja ☐ nein
Simons Punkte haben die gleiche Farbe wie Zitronen.	☐ ja ☐ nein
Simon trifft einen anderen kleinen Fisch im Meer.	☐ ja ☐ nein
Der andere Fisch schillert gelb und hat viele blaue Pullover.	☐ ja ☐ nein
Der andere Fisch hat viele blaue Punkte und schillert gelb.	☐ ja ☐ nein
Simon hat Angst vor dem anderen kleinen Fisch.	☐ ja ☐ nein
Simon und Simone reden miteinander.	☐ ja ☐ nein
Simon und Simone mögen sich sehr gerne.	☐ ja ☐ nein

Rätsel

1 Sie schützen den Kopf vor der Kälte. Diese hier hat einen Bommel.

2 Sie sind oft aus Leder. Sie haben Löcher und häufig eine Schnalle.

3 Dieses Kleidungsstück wird von Mädchen oder Frauen getragen.

4 Jeder von ihnen hat fünf Finger. Sie halten die Hände warm.

5 Sie werden unter der Kleidung getragen. Man sollte sie öfter wechseln.

6 Sie sind häufig aus dicker Wolle. Sie halten den Oberkörper warm.

7 Sie haben oft Taschen und einen Reißverschluss. Sie haben zwei Beine.

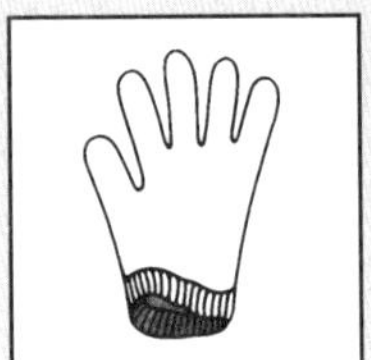

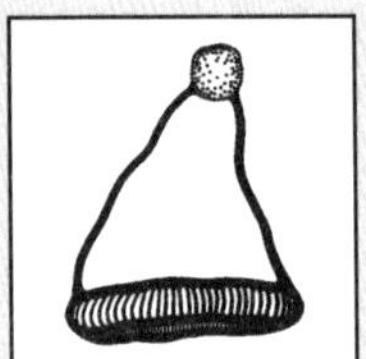

Welches Wort ist falsch?

In der Pflaume blau ist ein Wurm.	Auf dem Tisch die steht eine Vase.
Giraffen haben lange hoch Hälse.	Der Teppich ist Flecken schmutzig.
Fahrräder haben einen der Sattel.	Junge Sattel Pferde heißen Fohlen.
Ameisen leben im Wald krabbeln.	„Kannst die du diesen Satz lesen?"
Auf dem Hof spielen unter Kinder.	Auf Kamera dem Foto ist ein Hund.
Faden Die Spinne spinnt ein Netz.	Ponys stehen auf der reiten Weide.
Eisen Am Magnet hängt ein Nagel.	Perlen wachsen Kette in Muscheln.
Der Dezember hat Winter 31 Tage.	Ein Labyrinth hat viele Gänge irren.

32 Lies genau

Walter Winzig ist der König vom Winzigland.

Im Winzigland ist alles sehr, sehr klein.

Häuser sind so klein wie Melonen.

Melonen sind so klein wie Jo-Jos.

Jo-Jos sind so klein wie Zähne an einer Schnur

und Zähne kann man nur mit einer Lupe erkennen.

König Walter Winzig hat auch eine Königin.

Die Königin heißt Nora Noch-Kleiner.

Sie ist die kleinste Frau im ganzen Königreich.

Der König gibt ihr jeden Tag *13* Küsschen.

Male König Walter und Königin Nora.

Kreuze an

Walter Winzig ist der König vom Witzigland.	☐ ja ☐ nein
Im Winzigland leben nur riesige Dackel und Dinosaurier.	☐ ja ☐ nein
Im Winzigland sind Menschen und Gegenstände sehr klein.	☐ ja ☐ nein
Im Winzigland leben die Menschen in winzigen Melonen.	☐ ja ☐ nein
Der König vom Winzigland hat eine besonders große Frau.	☐ ja ☐ nein
Die Frau von König Walter ist die Königin vom Winzigland.	☐ ja ☐ nein
Walter Winzig ist die Königin vom Winzigland.	☐ ja ☐ nein
Königin Nora ist die kleinste Frau im ganzen Königreich.	☐ ja ☐ nein
König Walter küsst seine Frau nur einmal im Jahr.	☐ ja ☐ nein
Nora bekommt jeden Tag mehr als *10* Küsschen vom König.	☐ ja ☐ nein

Rätsel

1 Im Winter halten sie einen Winterschlaf. Ihre Stacheln schützen sie.

2 Sie sind sehr klug. Sie leben im Meer und können schnell schwimmen.

3 Sie sind Wildkatzen. Die Männchen haben eine lange Mähne.

4 Sie sind Schwimmvögel. Sie paddeln mit den Füßen im Wasser.

5 Ihr Fell ist schwarz und weich. Sie graben lange Gänge unter der Erde.

6 Sie können sehr gut hören und sehen. Ihr Schnabel ist krumm.

7 Es gibt Männchen, Arbeiterinnen und Königinnen. Sie sind Insekten.

Welches Wort ist falsch?

Im Zoo hat ein Affe geworfen sieben Bananen gegessen.

Pizza Opa kocht in der Küche eine leckere Erbsensuppe.

In einer Klasse stehen Turnhalle viele Tische und Stühle.

Manchmal bohren muss der Zahnarzt einen Zahn ziehen.

Im Frühling bekommen die Bäume neue Blätter wachsen.

Mit einer die Schere kann man keine Steine zerschneiden.

Die Schaukel sitzen im Garten hängt an einem dicken Ast.

Viele Kinder spielen Fußball laufen in einem Fußballverein.

Lies genau

Nach der Geburt haben Babys noch keine Zähne.

Kleinkindern wachsen später 20 Milchzähne.

Während der Schulzeit fallen sie alle wieder aus.

Dafür wachsen 32 neue Zähne.

Man nennt sie das zweite Gebiss.

Alle Zähne haben Wurzeln.

Die Wurzeln stecken fest im Kiefer.

In den Zähnen verlaufen Nerven und Blutgefäße.

Der sichtbare Teil der Zähne ist sehr empfindlich.

Dieser Teil wird vom Zahnschmelz geschützt.

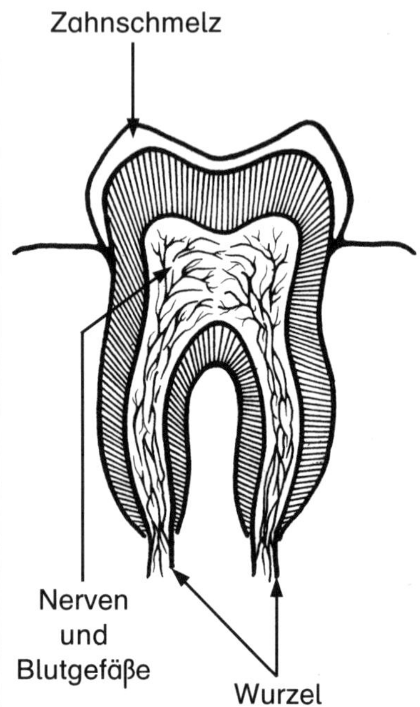

Kreuze an

Babys haben schon bei der Geburt *20* Milchzähne.	☐ ja ☐ nein
Milchzähne werden aus Milch oder Kakao hergestellt.	☐ ja ☐ nein
Kleinkinder bekommen mit der Zeit *20* Milchzähne.	☐ ja ☐ nein
Das zweite Gebiss besteht aus *32* Zähnen.	☐ ja ☐ nein
Nur Zähne mit großen Löchern haben Wurzeln.	☐ ja ☐ nein
Die Zahnwurzeln stecken fest im Kiefer.	☐ ja ☐ nein
In den Zähnen sind Blutgefäße und Nerven.	☐ ja ☐ nein
Der Zahnschmelz besteht aus Blutgefäßen und Nerven.	☐ ja ☐ nein
Der Zahnschmelz schmeckt wie geschmolzener Käse.	☐ ja ☐ nein
Der Zahnschmelz schützt unsere Zähne.	☐ ja ☐ nein

Kreuze an

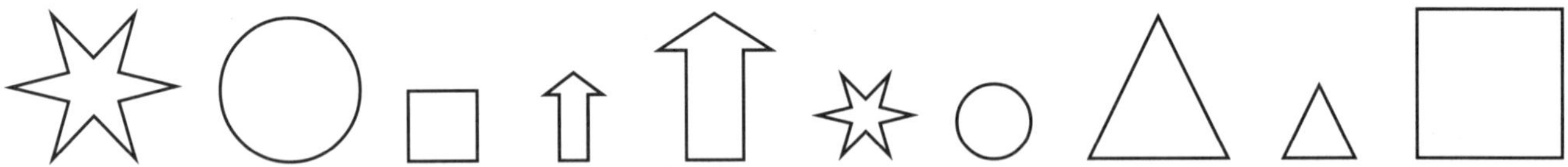

Der kleine Kreis ist rechts neben dem großen Quadrat.	☐ ja ☐ nein
Der kleine Stern ist ganz links.	☐ ja ☐ nein
Die beiden Dreiecke sind direkt nebeneinander.	☐ ja ☐ nein
Zwischen dem großen Pfeil und dem kleinen Kreis ist ein Stern.	☐ ja ☐ nein
Das große Quadrat ist ganz rechts.	☐ ja ☐ nein
Zwischen dem kleinen Stern und dem kleinen Pfeil ist ein Kreis.	☐ ja ☐ nein
Der große Stern ist links neben dem großen Kreis.	☐ ja ☐ nein
Der große Kreis hat mehr Ecken als das kleine Dreieck.	☐ ja ☐ nein

- ☐ Male den Stern neben dem großen Pfeil blau.
- ☐ Schreibe den ersten Buchstaben deines Namens in das große Quadrat.
- ☐ Male dem großen Kreis ein Gesicht, zwei Ohren und grüne Haare.
- ☐ Auf dem kleinen Quadrat steht ein kleines Männchen.
- ☐ Male den kleinen Pfeil mit einem Bleistift aus.
- ☐ Male dem großen Dreieck zwei Arme und zwei Beine.
- ☐ Zeichne unter das kleine Quadrat ein noch kleineres Viereck.
- ☐ Male einen roten Punkt in den großen Stern.
- ☐ Schreibe ein kurzes Wort über den kleinen Pfeil.
- ☐ Male ein blaues Kreuz in das kleine Quadrat.
- ☐ Male mit einem roten Stift ein Gesicht in das große Dreieck.
- ☐ Mache aus dem kleinen Kreis eine Sonne mit Sonnenstrahlen.
- ☐ Der große Pfeil hat gelbe und grüne Streifen.
- ☐ Male das kleine Dreieck in deiner Lieblingsfarbe aus.

Vögelchen

„Vögelchen, Vögelchen,

wo kommst du her?"

„Ich kann es nicht sagen,

ich weiß es nicht mehr."

„Vögelchen, Vögelchen,

wo fliegst du hin?"

„Das kann ich erst sagen,

wenn ich dort bin."

?

Male das Vögelchen.

Kreuze an

Das Gedicht heißt Vögelchen.	☐ ja ☐ nein
Das Gedicht handelt von einem kleinen Vampir.	☐ ja ☐ nein
Das Vögelchen wird gefragt, woher es gekommen ist.	☐ ja ☐ nein
Das Vögelchen weiß genau, wohin es fliegt.	☐ ja ☐ nein
Das Vögelchen weiß, woher es gekommen ist.	☐ ja ☐ nein
Das Vögelchen hat vergessen, woher es gekommen ist.	☐ ja ☐ nein
Das kleine Vögelchen fährt mit dem Zug nach Spanien.	☐ ja ☐ nein
Alle kleinen Vögelchen können sprechen.	☐ ja ☐ nein
Manche Wörter in diesem Gedicht reimen sich.	☐ ja ☐ nein
Das Vögelchen hat dieses Gedicht selber geschrieben.	☐ ja ☐ nein

Lies genau

Fische leben in Bächen, Flüssen, Seen und Meeren.

Sie bewegen sich mit ihren Flossen vorwärts.

Mit den Flossen halten sie auch das Gleichgewicht.

Fische benötigen wie wir Sauerstoff zum Leben.

Sie atmen jedoch anders als Menschen.

Fische holen sich den Sauerstoff aus dem Wasser.

Dafür brauchen sie ihre Kiemen.

Bei den meisten Fischen legen die Weibchen Eier.

Die Fischeier nennt man Laich.

Aus den Eiern entwickeln sich die Jungfische.

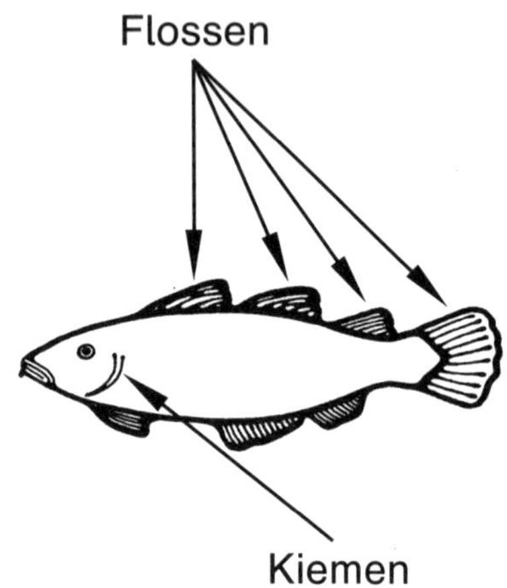

Kreuze an

Fische leben in Dosen und im Kühlschrank.	☐ ja ☐ nein
Die meisten Fische haben vier kräftige Flügel.	☐ ja ☐ nein
Fische bewegen sich mit ihren Flossen vorwärts.	☐ ja ☐ nein
Auch Fische benötigen Sauerstoff zum Leben.	☐ ja ☐ nein
Fische holen sich den Sauerstoff aus dem Wasser.	☐ ja ☐ nein
Fische atmen Luft durch ihre Flossen.	☐ ja ☐ nein
Fische atmen durch ihre Kiemen.	☐ ja ☐ nein
Die Fischeier werden von den Jungfischen gelegt.	☐ ja ☐ nein
Die Fischeier werden von den Weibchen gelegt.	☐ ja ☐ nein
Die Eier der Fische werden Laich genannt.	☐ ja ☐ nein

Welches Wort ist falsch?

Das Spielzeug aufräumen liegt überall auf dem Boden herum.

Im Sommer Sonnenbrand kann die Sonne sehr heiß scheinen.

Bei einem Gewitter kann Regen es heftig blitzen und donnern.

Kleine Babys Windeln trinken Milch aus der Brust ihrer Mutter.

Riesenschlangen Urwald können bis zu 10 Meter lang werden.

Papa sammelt alte Briefmarken in einem kleben dicken Album.

Der Spieler hat den Torwart Elfmeter über das Tor geschossen.

Dinosaurier haben Knochen vor langer Zeit auf der Erde gelebt.

Welches Wort ist falsch?

Der Kaktus auf der Fensterbank gießen hat viele spitze Stacheln.

Eine kleine Maus läuft blitzschnell Mäusefalle über den Waldweg.

Die Tafel Schokolade ist essen in der Hosentasche geschmolzen.

Heute hat die nicht Lehrerin uns keine Hausaufgaben aufgegeben.

Die Lehrerin rechnet eine Zahlen schwierige Aufgabe an der Tafel.

Verschimmelte Lebensmittel ungesund soll man nicht mehr essen.

Heute werden über Brücken meistens aus Beton und Stahl gebaut.

Im Zirkus macht Zirkuszelt der Artist einen Salto auf dem Hochseil.

Kreuze an

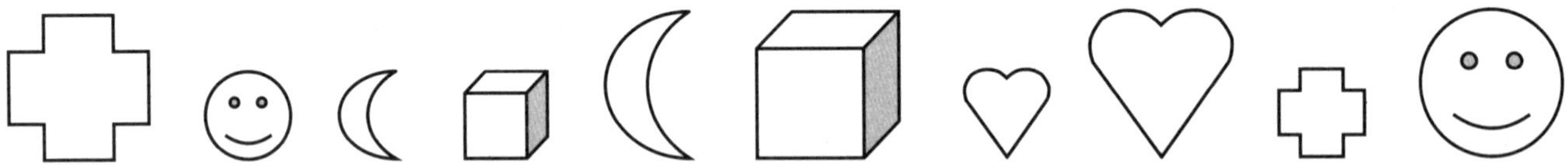

Zwischen dem großen und dem kleinen Mond ist ein Würfel.	☐ ja ☐ nein
Das kleine Gesicht ist links neben dem kleinen Mond.	☐ ja ☐ nein
Der kleine Würfel ist rechts neben dem großen Herz.	☐ ja ☐ nein
Das große Gesicht ist weiter rechts als das kleine Gesicht.	☐ ja ☐ nein
Der große Mond und der große Würfel sind nebeneinander.	☐ ja ☐ nein
Das große Kreuz ist weiter links als das kleine Herz.	☐ ja ☐ nein
Der kleine Mond ist zwischen den beiden Würfeln.	☐ ja ☐ nein
Das kleine Kreuz ist größer als das große Kreuz.	☐ ja ☐ nein

- ☐ Male dem kleinen Kopf grüne Locken und eine rote Zunge.
- ☐ Male fünf blaue und fünf braune Punkte in das große Kreuz.
- ☐ Schreibe den zweiten Buchstaben deines Vornamens in das große Herz.
- ☐ Male einen langen Regenwurm unter den kleinen Würfel.
- ☐ Male das kleine Herz in deiner Lieblingsfarbe aus.
- ☐ Male ein kleines Boot mit einem grünen Segel in den großen Würfel.
- ☐ Male das kleine Kreuz in der gleichen Farbe aus wie das kleine Herz.
- ☐ Male dem großen Kopf einen Bart, einen blauen Hut und eine Brille.
- ☐ Male sieben grüne Herzen um das kleine Kreuz.
- ☐ Male mit einem Bleistift vier kleine Fliegen über den kleinen Würfel.
- ☐ Male einen kleinen Apfel in den kleinen Würfel.
- ☐ Mache aus dem kleinen Halbmond einen braunen Kreis.
- ☐ Male neun rote Sterne um das kleine Herz.
- ☐ Male den großen Mond aus. Verwende dafür zwei verschiedene Farben.

Lies genau

Ein Baum stand einst auf einer Wiese,
mit reifen Früchten, ziemlich blau.
Jetzt fragst du dich: „Wie nennt man diese?"
Pflaumen nennt man sie genau.
Aus einer Pflaume, einer süßen,
schaute eine Made raus,
als wolle sie gar jeden grüßen,
aus ihrem schicken Madenhaus.
Doch da kam ein Spatz geflogen,
fraß die Made, ungelogen!

Male die Made in ihrem Madenhaus.

Kreuze an

Auf einer Wiese stand ein Baum.	☐ ja ☐ nein
Auf der Wiese stand ein großer Tannenbaum.	☐ ja ☐ nein
An dem Baum hingen viele saftige Pferde.	☐ ja ☐ nein
Auf der Wiese stand ein Pflaumenbaum.	☐ ja ☐ nein
In einer süßen Pflaume steckte eine kleine Mandel.	☐ ja ☐ nein
In einer süßen Pflaume lebte ein großer Spatz.	☐ ja ☐ nein
In einer kleinen Made steckte eine Pflaume.	☐ ja ☐ nein
Aus einer süßen Pflaume schaute eine Made heraus.	☐ ja ☐ nein
Die Made hat den Spatz gefressen.	☐ ja ☐ nein
Der Spatz hat die Made gefressen.	☐ ja ☐ nein

Lies genau

Eine Woche hat sieben Tage.

Alle Tage der Woche haben einen Namen:

Montag, Dienstag, Mittwoch, Donnerstag, Freitag, Samstag und Sonntag.

Doch woher haben die Wochentage ihre Namen?

Einige der Namen stammen von den Germanen.

Sie haben vor langer Zeit in Nord- und Mitteleuropa gelebt.

Die Germanen haben an viele Götter geglaubt.

Den Donnerstag haben sie nach ihrem Donnergott Donar benannt.

Der Freitag hat seinen Namen von der Göttin Freya.

Bei den Germanen war Freya die Göttin der Liebe.

Eine Woche hat manchmal mehr als sieben Tage.	☐ ja ☐ nein
Alle Wochentage haben den gleichen Namen.	☐ ja ☐ nein
Die Germanen haben an Götter geglaubt.	☐ ja ☐ nein
Die Germanen hatten einen Donnergott.	☐ ja ☐ nein
Der Donnergott der Germanen hieß Donald.	☐ ja ☐ nein
Der Donnerstag ist nach Donar benannt.	☐ ja ☐ nein
Freya war die germanische Göttin der Libellen.	☐ ja ☐ nein
Die germanische Liebesgöttin hieß Freya.	☐ ja ☐ nein
Am Freitag waren alle Germanen ganz lieb.	☐ ja ☐ nein
Der Freitag hat seinen Namen von Freya.	☐ ja ☐ nein

52 Welches Wort ist falsch?

Ein großer Blauwal ist ungefähr ~~wiegen~~ so schwer wie 25 Elefanten.

Manchmal kann Farben man am Himmel einen Regenbogen sehen.

Mama zieht Bilder einen alten Nagel mit einer Zange aus der Wand.

In dem Früchte großen Korb liegen viele Äpfel, Birnen und Bananen.

Viele Vögel fliegen bauen im Frühling ein Nest für ihren Nachwuchs.

Die Menschen sind schon Planeten mit Raketen zum Mond geflogen.

Die Kinder spielen auf Fußball dem Schulhof Fangen und Verstecken.

Opi hat heute ein riesiges Stück Kuchen backen mit Sahne gegessen.